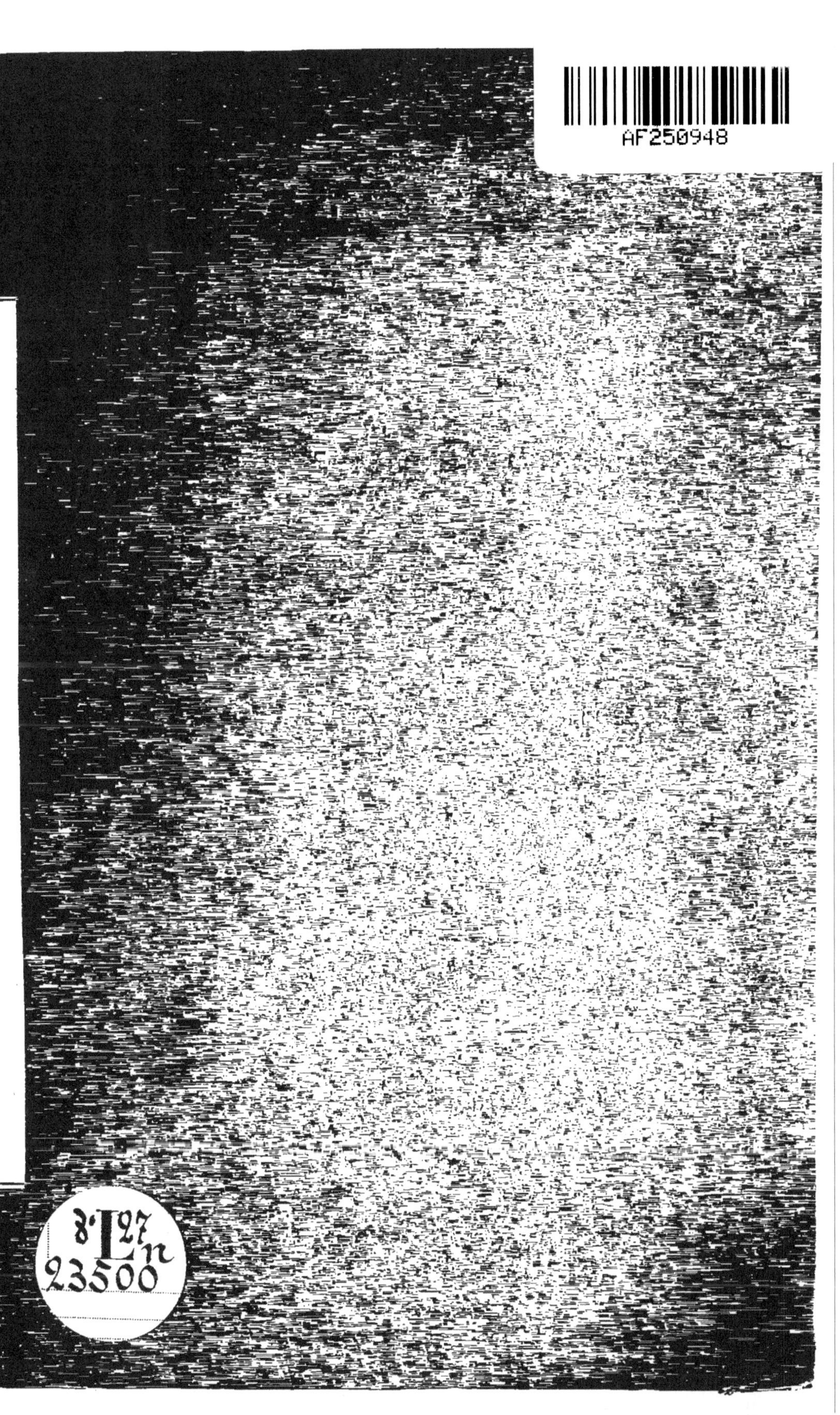

# PAROLES

PRONONCÉES SUR LA TOMBE DE M. BOUGEOL

LE 27 DÉCEMBRE 1860

SOUVENIR DE M. BOUGEOL

OFFERT PAR SA FAMILLE

A SES AMIS

STRASBOURG

IMPRIMERIE DE VEUVE [illegible]

1861

# PAROLES

PRONONCÉES SUR LA

## TOMBE DE M. BOIGEOL-JAPY

LE 27 DÉCEMBRE 1866

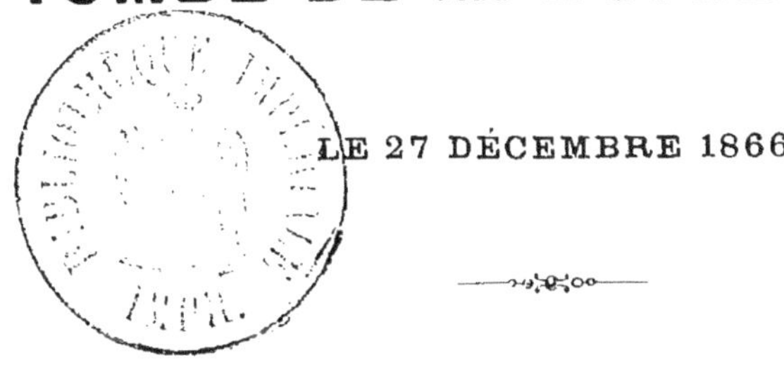

SOUVENIR DE M. BOIGEOL

OFFERT PAR SA FAMILLE

A SES AMIS

STRASBOURG

IMPRIMERIE DE VEUVE BERGER-LEVRAULT

1867

# SOUVENIRS DE FAMILLE.

L'ami vénérable dont nous allons rendre à la terre la dépouille mortelle, était né à Héricourt, le 19 thermidor an VIII; il s'est éteint le 24 décembre 1866, à 7 heures du soir. Il avait donc 66 ans et quelques mois, au moment où la mort est venue l'enlever à notre affection.

Il était entré dans la vie sous de sombres auspices. A 7 ans, il n'avait plus sa mère; à 14 ans, au milieu de l'invasion, il perdit son père. A 19 ans, orphelin et presque sans appui, il venait se fixer à Giromagny, où son père avait, dès 1806, jeté les bases de l'industrie qui devait, plus tard, prendre de si grands développements.

A partir de ce moment, Giromagny devint son pays de prédilection. Il n'aimait point à en sortir, et il y revenait toujours avec un très-grand bonheur. Cet amour du sol s'étendait à tous ceux qui l'habitaient, et, lorsqu'il voyageait, il éprouvait un plaisir extrême à rencontrer les gens du pays, à leur serrer la main, à s'entretenir avec eux.

C'est qu'il était d'une bienveillance et d'une bonté inaltérables, qualités qu'il devait à sa merveilleuse faculté de voir les choses par leurs beaux côtés et de ne désespérer jamais de rien. Un rayon de soleil le réjouissait, une promenade à la montagne, après des journées de préoccupations ou de travail, rendait à son esprit toute sa souplesse, à son cœur toute la fraîcheur de la jeunesse.

Aussi ceux qui connaissaient le besoin d'activité dont il était dévoré, et la vivacité de ses impressions, redoutaient-ils pour lui les tristesses et les langueurs d'un repos forcé. Mais la maladie n'altéra pas l'amabilité de son caractère, ni la sérénité de son esprit. Il continua de s'intéresser à tout ce qui avait rempli sa vie : jusqu'au dernier jour nous avons vu son visage s'épanouir à l'annonce d'une visite amie; jusqu'au dernier jour, nous l'avons vu goûter le charme d'une bonne lecture et s'occuper avec plaisir des affaires auxquelles il s'était toujours appliqué.

Cependant il semblait que son âme mûrissait pour le ciel. A la douceur habituelle de son commerce, à la bonté naturelle de son cœur, nous avons vu s'ajouter un vif sentiment de reconnaissance envers Dieu, auquel il rendait grâces pour tous les biens qu'il en avait reçus, et envers les hommes, pour le bonheur qu'il avait éprouvé dans toutes les relations de sa vie. Il trouvait que sa femme, ses enfants, ses amis l'entouraient de trop de soins; et, quand, en repassant sa vie, il se reportait aux jours de sa jeunesse, il bénissait Dieu pour la carrière qu'il avait parcourue et pour les amis qui entouraient son lit de maladie.

C'est dans ces douces et pieuses pensées qu'il s'est endormi, laissant à ses enfants le souvenir d'une vie aussi heureuse qu'un homme peut l'avoir ici-bas. Heureuse, parce qu'elle a été remplie de travail, de bienveillance pour les hommes et de reconnaissance envers Dieu.

Ses enfants, pour honorer sa mémoire, n'ont qu'à se souvenir de lui et à dire avec un penseur chrétien pleurant la mort de son père : « Faisons-le revivre en nous, de tout notre pouvoir, en pratiquant les bons avis qu'il nous a donnés, et en faisant toutes choses comme il voudrait qu'elles fussent faites s'il était au milieu de nous. »

# PAROLES

PRONONCÉES

AU NOM DU CONSEIL MUNICIPAL DE GIROMAGNY

PAR

M. LARDIER, premier adjoint.

Le conseil municipal de Giromagny vient déposer sur les restes mortels que va bientôt couvrir cette tombe, les sincères témoignages de deuil et de regrets dont il est pénétré. Il vient témoigner à M$^{me}$ Boigeol et à ses enfants ses vifs sentiments de sympathie et s'associer à leur grande douleur. Il se fait en même temps l'interprète fidèle de toute la population qu'il représente et particulièrement de cette grande famille ouvrière dont M. Boigeol était le père vénéré et respecté, qu'il a élevée, conduite et dirigée, avec des soins si intelligents, depuis près d'un demi-siècle. C'est par cette grande famille surtout que la perte que nous déplorons est plus vivement sentie. Elle enregistrera dans ses annales, parmi ses jours néfastes, cette journée de regrets et de deuil publics qui nous frappe tous. Il ne serait pas difficile, sans doute, de vous retracer les droits et titres de M. Boigeol à cette affection, mais un discours de longue haleine suffirait à peine pour les énumérer, même succinctement.

A qui veut et voudra connaître l'histoire et les diverses phases de la vie si bien remplie de M. Boigeol, il nous suffira de montrer ces magnifiques établissements qui ont donné le bien-être à notre riante vallée. Il reconnaîtra bien vite quel est le génie fécond et quelle est la main sûre et habile qui ont présidé à leur création, car ils parlent un langage plus élevé, plus éloquent et plus persuasif que celui que je pourrais vous faire entendre. Ils sont déjà pour nous et seront, pour les générations futures, autant de monuments qui perpétueront à jamais la mémoire de celui que nous pleurons tous ensemble.

Au revoir, mais non adieu, M. Boigeol, car nous reviendrons souvent visiter, avec le plus profond recueillement, le champ de repos que vous vous êtes choisi au pied de ces montagnes que vous avez tant aimées, dans cette vallée, objet de votre plus chère affection, et dont vous avez toujours su faire les honneurs avec tant de générosité, de grâce et de cordialité. Nous reviendrons vous voir, et nous engagerons nos enfants à venir, comme nous, s'inspirer sur cette tombe des sentiments d'ordre, de travail, d'activité et d'infatigable persévérance dont vous nous laissez l'exemple.

# PAROLES

## PRONONCÉES PAR M. LE PASTEUR LODS

### AMI D'ENFANCE DE M. BOIGEOL-JAPY.

MESSIEURS ET CHERS FRÈRES EN JÉSUS-CHRIST,

Le triste événement que nous redoutions depuis quelque temps déjà, vient donc de s'accomplir, et il est tombé sous les coups de la mort le frère bien-aimé, dont le Seigneur nous appelle à nous séparer pour toujours ici-bas.

Cette assemblée nombreuse et émue, qui se presse autour de sa froide dépouille, pour lui rendre les derniers hommages, nous dit, d'une voix éloquente, qu'une de ces existences précieuses et signalées par de grands services rendus à la société vient de se terminer ici-bas; qu'un de ces hommes qui laissent sur la terre des monuments éclatants de leur passage, ainsi que le souvenir de qualités et de vertus peu communes, a disparu du milieu de nous. Et tel était certainement, je vous en atteste tous, celui que nous pleurons, et dont le départ de ce monde creuse un vide profond dans sa famille, pour laquelle il fut constamment un chef dévoué, un bon et tendre père dans cette localité, qu'il a remplie des témoignages de son infatigable activité, de son génie industriel et commercial et de sa fécondante charité, dans le cœur de ses nombreux amis et dans la société tout entière, dont il fut un des membres les plus honorables et des plus beaux ornements.

Habitants de Giromagny, vous regretterez, vous pleurerez longtemps, je n'en doute pas, celui qui a été, pour ainsi dire, l'âme de votre commune et le créateur de sa prospérité. Vous conserverez un précieux et doux souvenir de l'homme de bien, qui s'était associé avec dévouement à vos intérêts et à votre bonheur, qui a semé au milieu de vous les bienfaits et qui vous a montré dans sa personne ce qu'est le vrai chrétien, brûlant de la sainte flamme de cet amour de l'humanité, que le Fils de Dieu, notre Sauveur commun, est venu allumer sur la terre. En contemplant ces établissements grandioses, qui se sont élevés comme par enchantement, vous vous rappellerez celui qui leur a donné l'existence, et qui revivra encore au milieu de vous, après vous avoir quittés, puisqu'il y laisse une famille qu'il a pénétrée de son esprit et de ses sentiments, et qui se fera un devoir sacré et un bonheur de marcher sur ses nobles traces, en ne cessant pas de faire du bien. Ah! que sa mémoire demeure en bénédiction parmi vous, vous enseignant la noblesse et la sainteté du travail, la fidélité inébranlable au devoir et toutes les vertus précieuses qui distinguent le disciple de Jésus-Christ.

Et vous, sa bonne compagne et ses chers enfants, qu'il

aimait d'un amour si dévoué et qui avez eu la douleur de
voir s'éteindre jour par jour et heure par heure celui que
vous auriez tant désiré pouvoir entourer bien longtemps
encore des témoignages de votre vénération et de votre
pieuse affection; puisse la part sincère que nous prenons
à votre deuil, puisse notre chrétienne sympathie faire un
peu de bien à vos cœurs déchirés! Veuille surtout le Dieu,
qui vient de vous faire cette plaie si douloureuse, la guérir
de sa main charitable, et vous consoler d'une consolation
efficace, en vous donnant, par son esprit, la douce assu-
rance que votre bien-aimé se repose auprès de lui, de ses
fatigues et de ses longues souffrances et vous attend dans
ce séjour des béatitudes éternelles où il vient de vous de-
vancer par les mérites de Jésus-Christ et où il n'y a plus
de séparation, plus de mort et de deuil.

Et toi, cher Boigeol, qui viens d'être déjà rappelé du poste
que tu as si bien rempli, reçois les adieux d'un vieil ami
d'enfance, pour lequel tu avais toujours conservé ces sentiments affectueux qui embellissent et parfument les premières années de la vie et qui te payait d'un pieux retour.
Reçois les adieux de tous les parents et amis que tu comp-
tais dans le lieu de ta naissance, que tu as grandement
honoré, et qui ne t'oubliera point. Reçois nos tendres adieux
et puissent-ils réjouir encore ton âme dans les demeures
bienheureuses que tu habites maintenant. Adieu donc, et
au revoir dans la patrie des enfants de Dieu.

M. le docteur **BENOIT**, empêché par le mauvais temps, a bien voulu nous autoriser à conserver les paroles que lui dictait son cœur au nom de l'amitié.


Messieurs,


Au moment où cette tombe va se refermer à jamais, qu'il me soit permis d'adresser un dernier adieu à celui qui fut pour nous un ami dévoué et digne de tous nos regrets. Que sa mémoire reçoive ici le témoignage le plus sincère et le plus chaleureux de la vénération avec laquelle nous conserverons le précieux souvenir des bienfaits qu'il a répandus autour de lui et des vertus dont il nous a donné l'exemple pendant sa vie entière. Jeune, orphelin et presque pauvre, il est venu créer une industrie aujourd'hui vaste et grande, mais qui n'est devenue telle qu'à force de travail, d'ordre et d'assiduité. Plusieurs d'entre vous se rappellent encore qu'ils ont reçu de ses propres mains les premières démonstrations du travail dans lequel ils sont devenus habiles et qu'ils trouvèrent en lui non pas un chef qui ordonne, mais un initiateur qui instruit. Vous savez que le petit atelier du début s'est agrandi peu à peu, que la petite phalange d'ouvriers est devenue une véritable armée, et qu'aujourd'hui la modeste usine des premières années a été remplacée par les vastes manufactures que vos bras animent et qui font la vie du pays, tellement que, si elles s'arrêtent, leur silence ressemble à la mort. Qu'a-t-il fallu pour que ces richesses s'accumulassent et grandissent? Presqu'un demi-siècle d'activité, de peine, de travail, de science industrielle et commerciale. Non-seulement il fallait lutter contre les difficultés ordinaires et naturelles au nombre desquelles il faut ranger les hommes eux-mêmes si difficiles à convertir aux idées nouvelles, mais il fallait aussi braver les accidents plus terribles de crises imprévues et impossibles à conjurer. Toujours l'activité du chef a su préserver du danger l'édifice grandissant dont vous avez été les collaborateurs zélés. Puis, la Providence, bénissant ses efforts, lui donnait des appuis solides en une épouse selon son cœur et des enfants dignes de lui et dont il était légitimement fier. Puis autour de cette activité fructueuse s'est bientôt élevée l'activité de tous en même temps que les richesses de chacun se sont développées à côté de celles de l'apôtre du travail, heureux qu'il était de voir autour de lui l'ordre et le bien-être devenir peu à peu le partage du plus grand nombre. Bientôt la commune devint sa famille, et il apporta aux soins de nos intérêts municipaux une sollicitude aussi grande que s'il se fût agi de ses intérêts les plus personnels : écoles, bibliothèque, église, hôtel de ville, rues, chemins, télégraphe, etc., furent créés sous son administration et bien souvent de ses propres deniers. Tout le canton voulut aussi lui confier le soin de ses affaires administratives, et il fut pendant de longues années notre mandataire au conseil général, dont il fut un des membres les plus assidus et les plus estimés. Ainsi, prospérité, honneurs et richesses furent les justes récompenses d'un travail opiniâtre, d'une volonté ferme et d'une loyauté à toute épreuve.

Mais que parlé-je ici de richesses et d'honneurs? Que sont ces vastes étendues de terrain, ces trésors amassés, ces distinctions conquises? Rien, moins que rien pour celui que Dieu touche de son doigt et veut rappeler à lui. Au moment où il descend dans la tombe, l'homme laisse tout et reste seul, car il n'emporte avec lui que le témoignage des bonnes actions qu'il a accomplies et des vertus qu'il a su pratiquer. Si l'ami que nous pleurons a créé de grandes choses au milieu de nous, plus grand encore doit être le trésor qu'il s'est amassé dans le ciel par l'inépuisable bonté de son cœur qui en a fait le meilleur des hommes, non-seulement pour sa famille qu'il adorait, mais aussi pour ses concitoyens auxquels il était toujours prêt à venir en aide en toute circonstance. Tous vous savez que s'il était impitoyable pour la paresse et le désordre, d'un autre côté, le malheur et la souffrance trouvèrent toujours en lui un bienfaiteur généreux. D'un esprit élevé et bienveillant, il ne connut jamais l'intolérance, et si tous les hommes eussent été comme lui, il aurait pu voir se réaliser ce désir si souvent exprimé et qui a été l'aspiration de sa vie entière, qu'il n'y ait désormais qu'un seul troupeau et un seul pasteur. Imitons son exemple et effaçons du milieu de nous, s'il y en avait le moindre germe, toutes les antipathies religieuses, maladies d'un autre siècle et particulières aux esprits étroits et maladifs. D'une bienveillance inépuisable, notre ami vénéré a pu peut-être rencontrer des ingrats, mais il n'a certainement jamais eu d'ennemis, et tous ceux qui ont pu le connaître, lui ont voué estime et amitié, comme l'atteste l'immense concours de personnes qui ont tenu à l'accompagner aujourd'hui jusqu'à sa dernière demeure.

Que cette vie si remplie soit pour nous un exemple que nous nous efforcerons de suivre, afin de devenir actifs, laborieux et bons, nous aimant les uns les autres, et prêts à nous rendre de mutuels services.

La mémoire de celui que nous pleurons en ce moment vivra au milieu de nous et sera notre étoile dans la route du bien.

Adieu, ombre chérie! Veille sur nous, toi qui seras désormais pour nous le bon génie du travail, de la probité et de la bienfaisance.

Adieu pour la dernière fois, adieu.

238